Andreas Knapp

Wurzeln ins Licht

Andreas Knapp

Wurzeln ins Licht

Gedichte und Aphorismen

echter

Gewidmet der Deutschen Bahn

in Anerkennung für die zahlreichen Stunden,
die mir durch unzählige Verspätungen von Zügen
zum Schreiben von Gedichten als Bonus zufielen

höchste eisenbahn

immer viel zu lang
dass wir uns nicht
gesehen haben

und viel zu langsam
die zeiger verzögert
im betriebsablauf

endlich kündet
eine blutleere stimme
es hat einfahrt

ich bin vor aufregung
schon ganz aus dem
wartehäuschen

im grauen gedränge
unerwarteter gesichter
das leuchtfeuer deiner augen

und keinerlei
signalstörung
zwischen uns

zeitanzeige

auf welchem polizeirevier
kann ich anzeige erstatten
gegen tagediebe
die mir die zeit gestohlen haben
selbst deren festsetzung
lebenslänglich
brächte mir
nicht eine sekunde zurück
und keine leuchtanzeige
weist den weg
zu einem fundbüro
für verlorene zeit

vergänglichkeit

zwischen den zeigern
zerrinnt die zeit
das festeste
kann sich verflüssigen
gasförmig verflüchtigen
gedanken schwächeln
gefühle verblassen
begrenzt ist
alle haltbarkeit
und die behauptung
ewiger gültigkeit
völlig unhaltbar

biorhythmus

die schneeglöckchen wissen
wann sie den frühling einzuläuten haben
und der kirschbaum kennt
das zeitfenster seines blühens
die zugvögel spüren
das ende der sommerzeit
rechtzeitig sagen sich
fuchs und hase gute nacht
und nicht nur im schwarzwald
weiß der kuckuck
was die stunde geschlagen hat

warum nur hat der mensch
seine innere uhr versetzt
im austausch gegen ein räderwerk
das ihn knechtet
rund um die uhr

selbstbeschleunigung

bin hase und
igel zugleich
von mir selbst genarrt
hetze ich mich
runde um runde
und hole mich
immer atemloser
doch nie ein
bis zum tödlichen
zusammenbruch

unruhiger geist

ein gespenst geht um
in meinem gehirn

unruhe zirkuliert
nervöses gedankenspiel

sorgen als kettenglieder aufgereiht
halten mich gefangen

in meinen inneren räumen
schattenkabinett der ängste

den körper kann man ruhen lassen
in bett und schaukelstuhl

doch wo kann mein geist
ruhe finden vor sich selbst

muße

aus dem muster
des müssens aussteigen
aller müßiggang
des glückes anfang

muße macht frei
von der jagd nach
aktien und aktionen
sie folgt ihrer eignen logik

mußestunden
ticken anders
die zeiger der zeit
wandern nach innen

muße erschafft sich
ihre eigne welt
sieben tage sabbat
ewig guter augenblick

hymne an die hängematte

von dir gerne umgarnt
im netzwerk der gemütlichkeit

völlig abhängen
gespannt und entspannt zugleich

sich leichten sinnes
der schwerkraft überlassen

das wandern der wolken genießen
im faultiermodus

geschaukelt werden wollen
wie ein verspieltes kind

vom säuselnden wind
in den schlaf gesungen

sich träumen lassen
zwischen himmel und erde

das präsent der gegenwart

zeitreisend in die zukunft
ist leben nur erträumt
es ist noch nicht da
du vergreifst dich schon an ihm

zeitverschiebend ins gestrige
nostalgisch eingerichtet
das vergangene ist längst passé
und du sitzt noch darin fest

zeitgleich mit der gegenwart
wird dir das leben präsent
schenkt sich dir augenblicklich
von nun auf jetzt

präsenzunterricht

wo kann man das lernen
ganz und gar da zu sein

wo wird einem beigebracht
das jetzt als präsent zu leben

wo steht diese schule
der gegenwart

maske in blau

versteckspiel in kostümen
maskeraden reizen zum rätseln
tanzschritt in den nahbereich
polonaise und tango

nach plötzlichem paukenschlag
aufspiel zum totentanz
mutation der abstandsregeln
alle sind allen gefährlich

generelles vermummungsgebot
die gesichtserkennung deaktiviert
flucht in die fernbeziehung
lockdown des menschlichen

im gesichtsverlust einer gesellschaft
verzweifelte ausschau nach augen
in denen aufblitzt
ein erkennendes lächeln

3-G-Regel

gelitten
gekreuzigt
gestorben

gemäß dem
gesetz der
gewalt

drei Tage später aber
völlig regelwidrig
auferstanden

und selbst im zweifelsfall
eines thomas gilt
keinerlei abstandsregel mehr

fehlender impfstoff

als columbus
in see stach
gab es noch keine
gelbfieberimpfung

im falschen indien
brach eine seuche aus
der tödliche goldrausch
pandemisch virulent

und immer noch unentdeckt
wirksame antikörper
zur immunisierung
gegen das tödliche geldfieber

sündenfall

seit wir das paradies
nicht mehr im jenseits
suchen sondern
nur noch hier
voll der gier
plündern wir
den rest von eden

und über uns hängt
das flammenschwert
des kein zurück

de profundis

aus den minen
der selbstausbeutung
aus den endlagern
atomaren restmülls
aus dem goldkeller
von fort knox
der gequälte schrei
warum hast du uns
so anfällig erschaffen
für die falschen götter
weck doch den goldrausch
nach deinem licht
sehnsucht statt sucht
schenk uns durst
nach dem durst
nach dir

kirchturmpolitik

unseliger streit
ob minarette
höher ragen dürfen
als der kölner dom

wenn aber die kathedralen des geldes
alle gotteshäuser in den schatten stellen
wo bleibt der aufschrei
gegen den götzendienst

ausnüchterung vom kaufrausch

völker
hört nicht mehr
auf die signale
von werbung und reklame
werft ab die ladenketten
lasst euch nicht mehr
für dumm verkaufen
löscht aus das brandmal
der marken und moden
macht euch frei
von label und logo
ohne äußerliches
findet ihr euren
wahren wert
unveräußerlich
in euch selbst

friedensfrage

nicht genug kriegen
schranken überschreiten
das gibt krieg

genüge finden
grenzen achten
führt zum frieden

oh könnten wir doch
nie genug kriegen
von grenzenlosem frieden

denk mal völkerschlacht

am anfang ein auge
gierig geworfen
böse blicke eskalieren
aug um auge
schlagwort ins gesicht
die faust auf den tisch
ein bajonett zwischen die rippen
eine bombe aufs dach
nuklearer vergeltungsschlag
atomarer holocaust

und kein auge mehr
das weinen könnte

vermisst

wo steht das denkmal
DER UNBEKANNTEN FRAU
die nicht einmal
sein grab kennt
um an ihm zu trauern

pervers

granatapfel
gabe der götter
süße liebesfrucht
platzt kraftvoll auf
sich selber hinzugeben
streut aus die samen
lebenskeime
leuchtend rot

granate
erfindung der menschen
bitterer todesbringer
explodiert mit wucht
wunden zu reißen
schleudert die splitter
lebenskiller
blutig rot

tätliche gedanken

der mensch
stinkt im kopf zuerst
aus üblen gedanken
folgen fiese pläne
in gang gesetzt
die maschinerie der zerstörung
und am ende stinkt
die welt zum himmel

höchster alarm

umweltkatastrophe
hungerkatastrophe
atomkatastrophe
klimakatastrophe

wer aber warnt
vor dem urheber
so vieler katastrophen
dem verblendeten menschen

krankheitsverlauf

sie marschieren
blindlingsrechts
ins bräunungsstudio
für das gehirn

graue zellen
degenerieren
bösartig
zu braunen

vom hirnverbrannten
nur ein stechschritt
bis zur
verbrannten erde

und keine chemo
wirkt therapeutisch
nur das gespräch und
ein öffnender augenblick

die letzte generation

wir
die vorletzten
wollten die verletzbarkeit unsrer welt
nicht wahrhaben
verhaftet dem trugbild
des totalen konsums

wir
die vorletzten
krallten uns gierig
ans immer mehr
süchtiges schnüffeln
am klebstoff luxus

wir
die vorletzten
frönten dem fortschritt
ohne jegliche haftung
verlachten die klimapropheten
und umweltapostel

und sie
die so verletzte generation
sucht nach bodenhaftung
um die maschinerie zu blockieren
die uns allesamt
in den abgrund reißt

feuerteufel

es brennt in brandenburg
lodert von kanada bis feuerland
in flammen selbst der regenwald

der weltenbrand hat begonnen
kein schwefelregen vom himmel her
sondern gelegt von menschenhand

bei der letzten feuerprobe einst
die bohrende frage
nach meinem anteil am brandschutz

stilles artensterben

schon das dritte jahr
viel zu früh im sommer
der tümpel vertrocknet
und mit ihm der nachwuchs
der gelbbauchunke

aus der stummen senke
kein unkenruf mehr
den menschen zu warnen
vor dem verlust
unwiderruflich

biologische fußabdrücke

der sturz des falken
schneidet die lüfte
hinterlässt keine spuren
an seinen pfeilflug
erinnert nichts mehr

das gleiten der delphine
verwirbelt die wasser
nach dem verebben der wellen
die see spiegelglatt
weiß vom wellengang nichts mehr

in soldatenstiefeln der mensch
trampelt dröhnend
durch den garten der schöpfung
hinterlässt spuren der verwüstung
dort wächst nichts mehr

fragen von kosmischem ausmaß

steine liegen unbewegt
und eisig kalt herum
der mond geht
unsentimental unter
und sonnen erröten
ohne jede regung

die amöbe aber weicht
vor widerstand zurück
die rose wehrt sich mit dornengedrohe
gegen den gierigen griff
und das waidwunde reh
stöhnt unter der kralle des schmerzes

warum hat die
gefühlskalte natur
das leiden hervorgebracht
und bei manchen lebewesen
sogar noch das
mitleidenkönnen

schmetterlinge

flatterhafte geschöpfe
schnell verdrängt und vergessen
der lange kriechgang
bäuchlings und
die dunkelkammer
eurer verwandlung

jetzt tanzt ihr leicht
im freistil mit den sonnenstrahlen
nährt euch vom nektar
der blüten und blumen
mit ihnen wetteifernd
um die schönsten farben

augenweide

auch wenn das pfirsichbäumchen
in einer frostigen nacht
seiner farben pracht verlor

wir hatten uns bereits
an seinen blüten
richtig satt gesehen

unermesslich
der nährwert
des schönen

lichtwärts

noch hat der keimling
keinen einzigen strahl
vom licht der welt erblickt

und räkelt sich doch schon
der unsichtbaren sonne
unbeirrbar entgegen

als habe sie ihn
in tiefster erdennacht
bereits geheimnisvoll geküsst

sommerregen

unter undichtem blätterdach
unablässig trommeln die tropfen
große symphonie
aus gluckern und glucksen
in höchsten tönen
unter meinen füßen
rieseln und fließen
benetzende frische
geht bis unter die haut
oh lasst mich bitte
noch lang im regen stehen

verwurzelt im licht

wir
die stets unsteten
ausgewurzelten bäume
wind und wetter
wehen uns ins bodenlose

von uns selbst
vor uns hergetrieben
streifen wir ohne sitzfleisch
durch unsre wohnzimmer
ruhelose nomaden
kein fundament
kann uns halten

bleibe finden wir
einzig und allein
in jener sehnsucht
mit den wurzeln nach oben
himmelwärts

Jerusalem, Westmauer

in den Fugen
zwischen mächtigen Quadern
und unerhörten Gebeten
hat wunderbarerweise
Wurzeln geschlagen
ein Klagemauerblümchen

abenddämmerung

das blendlicht des mittags
behutsam zurückgedimmt
es abend schon
und uns dämmert
die allvergänglichkeit
geschäftigkeit verebbt
im stillleben des feierabends
am himmel perlen
die ersten sterne
ihr stilles leuchten
obschon so viele
lichtjahre unterwegs
vermag uns
immer noch zu trösten

winternachtstraum

waldwegeinwärts
bäume im scherenschnitt
filigranes ästelwerk
rings über mir

an jedem kahlen zweig
blüht blinkend ein stern
und in der krone der eiche
ein silberner stirnreif

stille singt die welt
in den winterschlaf
sanftes versinken
in einen bilderlosen traum

menschheitsfragen

hinter der denkerstirn
streunen gedanken
wer aber liest
die hintergedanken

über köpfe hinweg
herrschen behauptungen
wer aber dient
als oberhaupt

zwischen menschen
gefühlte kälte
wer aber erfüllt
den wärmewunsch

unter bedingungen
geschieht dir recht
wer aber liebt dich
unbedingt

verminte wortfelder

ein verkehrtes wort
kann so tödlich sein
wie eine falsche bewegung

ein wort zur unzeit
das die stille zerreißt
den zauber zerstört

am ende war das wort
das vorlaute und böse
und die welt fiel in scherben

reden ist gold

das verschämt verschwiegene
versagen und verluste
nie ausgesprochen
die peinlichen pannen

wenn ich nur worte fände
für das heimlich versteckte
und schuldanteile silbenweise
abstottern könnte

es läge nicht mehr quer im magen
ginge leicht von der zunge
wäre vielleicht sogar
ein freispruch in gottes ohr

sprachspiel der liebe

im anfang kein wort
sondern vielsagender blick
später die zunge gelöst
wir buchstabieren uns
den wortschatz der gefühle
erzählen uns
tausend und eine nacht
unsre geschichten
gleichen ab unsere gedanken
tauschen goldene ringe
vielleicht den mund
zu voll genommen
nach lauten widerworten
missverständnis und schuld
geduldig ausdiskutiert
in versöhnlichem ton
noch später wieder verstummt
wir sind aufeinander eingeschwiegen
und unsagbar schön
das unaussprechliche
zwischen uns

wahrtraum

wir stürzten uns
in die schöne utopie
unsre liebe
nähme kein ende
und mache uns
unsterblich

der tod jedoch
ist eine tatsache

ganz am ende aber
könnte die utopie recht behalten

stark wie der tod ist die liebe

von mir absehen
dich im blick absichtslos

selbstvergessen
an dich nur denken

im loslassen
von dir gehalten

mich verlassen
hingerissen zu dir

so sterbend
werde ich nicht sterben

denn mein leben
das bist du

meine liebste

du
mein erster gedanke am morgen
als hätte ich nicht alle tassen im schrank
so bin ich angesichts deiner
ganz aus dem häuschen
mit beiden händen
umfasse ich gierig deine rundung
die mich wärmt bis ins innerste
streichle sie behutsam und zärtlich
wissend um deine zerbrechlichkeit
mein blick in deine tiefe
wie in schwarze pupillen
ich werde wachgeküsst
wenn meine lippen dich berühren
auf meiner zunge gesteigert
bittersüße lust
meine duftende gefährtin
stets in meiner nähe
bis tief in die nacht

du
meine kaffeetasse

lob des gewöhnlichen

tag für tag
zur goldmundstunde
keine kalte dusche
sondern wohltemperiert
im briefkasten erwartet mich schon
druckfrisch die morgenpost
und nach dem ersten schluck kaffee
ein versonnener blick aus dem fenster

morgen für morgen
ritus einer routine
und dennoch
nie langweilig
immer immer neu
frisch wie der morgentau
staunenswert
dankenswert

getreidearten

ähren
deren köpfe
leer und leicht
recken stolz
ihr hohles haupt
gen himmel

ähren aber
deren köpfe
voll von korn
neigen in demut
ihr schweres haupt
zur erde

demut

nicht besonders
hoch der
mut
der dich
auf andere
herabschauen lässt

nur mit starkem rückgrat
kannst du dich
so tief zu boden beugen
bis du mit deiner
eignen wirklichkeit
auf augenhöhe bist

homo plagiator

lachsersatz
plastikblumen
geklonte schafe
duftimitationen
drogensubstitution
künstliche aromen
artifizielle intelligenz

originell
sind wir menschen
vor allem im erfinden
von kopierverfahren

mein kartenhaus

hinter der kulisse
jenseits der fassade
unter der maske
gesicht genannt

welche pfeiler und pfosten
stärkende stützen
sich biegende balken
geben meinem innern halt

auf dem firmenschild
des prüfstatikers
glänzt in goldenen lettern
der name potemkin

traum oder trauma

ich schlief ein
du neben mir
ich erwachte
du nicht mehr neben mir

war dein warmer atem
ein traum
oder mein tasten ins leere
ein alptraum

was wird mich wirklich
erwarten wenn ich
wider erwarten
jetzt erwache

alptraum

das darf doch wohl
nicht wahr sein
alles nur ein böser traum

ich zwick mich selbst
in den arm
und öffne die augen

und sehe entsetzt
dass ich die ganze zeit über
schon wach war

traumgesichter

was wir am tag übersehen
grell blitzt es auf in der nacht
was weggeschoben wurde
drängt sich ein in wilden bildern

wir nehmen mehr wahr
als wir wahrhaben wollen
merken uns mehr
als wir bemerken

und wissen manchmal nicht
ist unsre wirklichkeit geträumt
und unser traum
dagegen wahr

ernüchterung

träume von der zukunft
voller ideale
alles perfekt

dann im rückblick
wie es wirklich war
imperfekt

zweierlei maß

meine fehler
durch die umstände bedingt
mein versagen
ich kann doch nichts dazu
meine schuld
eine genetische determination

aber

meine leistungen
auf meinem mist gewachsen
meine erfolge
von mir allein errungen
meine verdienste
ich bin stolz auf mich

mit geschlossenen augen

beim schälen der orange
die augen schließen
und die südliche sonne
sinken sehen

beim essen des brotes
die augen schließen
und den wind durch das kornfeld
streichen hören

beim letzten schluck rotwein
die augen schließen
und den abschied schmecken
blutig ernst

prähominide frage

als die gehirne noch
zu klein waren
niemand besang
in liedern die sterne
niemand malte
den radschlag der pfauen
niemand dichtete
von wein und rosen
niemand freute sich
an all und allem

alles war da
für niemanden
wer aber war
dieser niemand

hominisation

an der wiege der menschheit
ein erstes wort
werkzeug und waffen
und wehklage am grab

wird zur geburt der menschlichkeit
als versprechen von treue
und wehrlose liebe
über das grab hinaus

gedanken am grab

an der wiege der menschheit
steht das grab
schon die neandertaler
bestatteten die toten

gräber im größenwahn
pyramiden und mausoleen
ohnmächtiges bollwerk
gegen tod und vergessen

gräberfelder allüberall
in ungezählten schlachten
haben die kriegstreiber
serienmäßig tod produziert

die menschheit schaufelt
sich selbst ihr grab
und kein neandertaler mehr
den letzten verwandten zu bestatten

der alte weg

neuronale bahnen
der erinnerung
an frühe wege
unauslöschlich eingegraben
in die windungen
des gehirns

auf diesem pflaster
habe ich laufen gelernt
und heimwärts von der schule
verlängerte sich die gehzeit
wenn ich sie mir spielend
mit kameraden verkürzte

der gruß der alten tante
von nummer neun
ist freilich längst verstummt
zugereiste haben
die fensterläden
in fremde farben getaucht

auf diesem weg habe ich
meine mutter dorthin begleitet
von wo sie nicht mehr heimkehrte
und mit der verkehrsberuhigung wurde
mein alter weg zur einbahnstraße
jetzt kann auch ich nicht mehr zurück

fernweh

die füße im asphalt
eingeeckt von quadern aus beton
hängen meine augen
an einem stück
blauen himmels
das mich krank macht
nach dem horizont
ich werde unruhig
wie ein zugvogel
zwischen fallenden blättern
und finde doch
keinen ausweg
aus mir selbst

trauerbesuch

worte
perlen ab

schweigen
geht unter die haut

innige umarmung
im berühren berührt

heilender blickwechsel
augentrost

ich bin da

warum so weh

ein kleiner kratzer
rührt an tiefere wunden
unter der narbe west
das schmerzgedächtnis

und immer tiefer
die wunde
unter der wunde
unter der wunde

die erbwunde
der sterblichkeit
und der angst
vor dem nichts

nihilismus

wir entstammen
dem nichts
kehren zurück
zum nichts

sind ins leben
geworfen
mir nichts
dir nichts

und füllen
unsere nichtigkeit
mit nichts

hinter gittern

kaum gefällt
das abschließende urteil
schon fällt die zellentür
langfristig ins schloss

so lange und bange
an die ecke starren
bis sie dir schwer wie die anklage
auf den kopf fällt

freigang mit
begrenztem radius
licht fällt nur kleinkariert
in den raum deiner zelle

die hoffnung aber
überlebenslänglich
kennt kein
verfallsdatum

das ultimative gebot

so vieles
uns vorgegeben
vom staat
durch die gesellschaft
in der familie
von der religion

eines aber
müssen wir uns
selbst aufgeben

dass wir uns
nie selbst
aufgeben

in der wende das wunder

tod um tod
taumelnd in die tiefe
immer enger und kälter
sackgasse aussichtslos

in der ohnmacht des tiefpunkts
wird dein tiefstes verwandelt
wird ausgangspunkt
für den aufweg ins licht

tiefpunktlandung

immer leerer
immer erschöpfter
bis an des abgrunds rand

keinerlei brücke
und kein salto mortale
retten dich hinüber

du musst absteigen
zum absoluten gefrierpunkt
ohnmacht und kontrollverlust

und in der talsohle
ganz unten am boden
zu grunde gehen

vielleicht aber kannst du
das ohr an der erde
eine quelle erlauschen

krypta

stufe um stufe
dich hinabtasten
ins bergende dämmerlicht
des uterus

wort für wort
ausklingen lassen
im hallraum
des schweigens

in der tiefe
keine hölle
vielmehr
die quelle

namen der rose

an der mauer des klostergartens
in leuchtender stille
erwidert eine gelbe rose
das lachen der sonne

in der westfassade der kirche
das gebrochene himmelslicht
in filigraner rosette
glasfarbenspiel

in den gewölben des kreuzgangs
beim sinken der sonne
eine leuchtspur rosenrot
erinnerung an das kommende

unbezahlbar

das wirklich kostbare
völlig kostenfrei
und darum so köstlich
das pure umsonst

geschäftsbedingungen für das leben

die lebenszeit ist begrenzt
die biologische uhr kann nicht
zurückgedreht werden

es gibt kein rundum-sorglos-paket
und kein umtauschrecht
für anlagen und talente

liebe ist vonnöten
und doch nie zu verdienen

alles ist gratis
und nichts umsonst

als einverständnis
gilt ein kreuz

signaturen

unterschreiben
wo das kreuzchen steht

oder einfach
drei kreuzchen machen

am ende aber steht
hinter meinem namen ein kreuz

wer wird dort
für mich unterschreiben

ein und dasselbe

geboren werden
und sterben

anschauen und
angeschaut werden

berührt werden
und berühren

lieben
und geliebt werden

beschenkt werden
und schenken

sterben und
geboren werden

lebenslauf

das leben rennt
du läufst ihm
hechelnd hinterher
bis dir eines tages
der atem ausgeht
und nichts mehr läuft
und der tod
deine vita
ad acta legt

Friedhofsordnung

willkommen im Grab
aber fühlen Sie sich
nicht wie zu Hause

machen Sie es sich
nicht zu gemütlich
hier ist alles nur Durchgang

legen Sie Ihr
letztes Hemd ab
bis auf die Knochen

die Grabesruhe ist
einzuhalten rund um die Uhr
die Liegezeit begrenzt

und ganz am Ende
wie ein neuer Anfang
das Grab ist leer

grabinschrift

verwundet vom leben
leg ich mich nieder
lebensmüde
sterbensmüde

ob todesschlaf
mich erquicken wird
und mich jemand
jemals wieder weckt

wer weiß

transformation

du bist
der du wirst

energie verwandelt
in licht
in materie
in leben
in liebe

alles fließt ins neue
ständiger wandlung

deine energie
dein licht
dein körper
dein leben
deine liebe

du wirst
die du bist

terminus tod

lebensreise
bis zur endstation

es wird nichts mehr erreicht
der zug endet hier

lassen sie alle persönlichen
gegenstände zurück

doch völlig überraschend
noch eine durchsage

es wartet fahrplanwidrig
ein anschlusszug

Aphorismen

Missglückte Modernisierung
Wohin wir auch schauen:
Alles wird modern

Nach dem Hautcheck
Sie hat nichts Bösartiges an mir gefunden.
Sie hat mir allerdings nicht ins Herz geschaut.

Physik im Gefängnis
Hier kann man lernen,
wie Recht gebeugt wird
und Zeit gedehnt.

Arbeitsessen
Wir arbeiten, um zu essen.
Doch am Ende frisst die Arbeit uns auf.

Themaverfehlung
Wenn andere meine Verfehlungen
schulmeisterlich thematisieren.

Leben in einer Gemeinschaft
Das Schöne ist: Man ist nie allein.
Das Schlimme ist: Man ist nie allein.

Beim Zwiebelschneiden
Wenn meine Schalen abgetragen werden,
Haut um Haut:
Offenlegung tränenreich

Frieden stiften
Es braucht entwaffnende Worte
und einen entrüstenden Blick.

Goldene Rederegel
Lieber nichts sagen
als Nichtssagendes sagen.

Weisheit einer Schnecke
Nimm dein Haus
auf die leichte Schulter.

Grabspruch
Hier ruht in Gott
und daher vielleicht nur
bis auf weiteres

Regel für ein Streitgespräch
nach der Auseinandersetzung
uns wieder zusammensetzen

Knappes Glaubensbekenntnis
Erstens: Es gibt Gott.
Zweitens: Ich bin es nicht.

Zwischen dich und mich passt kein Blatt Papier.
Höchstens ein Liebesbrief.

Der Geldsegen entpuppt sich oft als Fluch.

Manchmal hilft man anderen Menschen dadurch,
dass man ihnen nicht hilft.

Ich glaube nur, was ich sehe,
sagte der Blinde
augenzwinkernd zum Agnostiker.

Wir können uns im Gebet an Gott wenden. Unerhört!

In der Stille meldet sich alles Ungestillte
lautstark zu Wort.

Wer seinen Redefluss nicht mehr eindämmen kann,
ist verbal inkontinent.

Wer das Herz auf dem rechten Fleck hat,
darf es auch auf der Zunge tragen.

Im Lebensbuch hat der Tod das letzte Wort.
Doch Gott hat noch ein Nachwort versprochen.

Im Himmel finden wir das Gesicht wieder,
das wir auf Erden so oft verloren haben.

Gott legt für uns seine Hand ins Feuer
der Hölle.

In der Hölle wird noch heißer gegessen
als gekocht wird.

Wer Gott finden will, muss das Weite suchen.

Nach meinem Tod wir man mir beide Augen
zudrücken.
Beim Jüngsten Gericht wird Gott dann mindestens
eines zudrücken.

Das Heilige kann uns deshalb so berühren,
weil es nicht berührt werden darf.

Wir haben Gott kleingeredet.
Nur im Schweigen findet er wieder zu seiner wahren
Größe.

Wer hilft mir, mein Kontrollbedürfnis
besser zu kontrollieren.

Wem die Zeit davonläuft,
der ist nicht langsam genug.

Du stehst mit beiden Beinen mitten im Leben
und doch mit einem immer schon im Grab.

Lass alles, was du nicht verstehst,
einfach so stehen.

Im Anfang war das Wort: Es werde Licht!
Und bei Gott gilt: Gesagt – getan!

Oft kaufen wir nicht etwas, das wir brauchen,
sondern wir brauchen es, etwas zu kaufen.

Wer schon jemand ist,
muss nichts mehr aus sich machen.

Es war noch nie so,
dass es immer schon so war.

Ein Bonmot
ist ein Bonbon für das Ohr.

Mit der Erschaffung des Lichtes
nahm Gott auch den Schatten in Kauf.

Auch überall, wo „Gott“ nicht draufsteht,
ist „Gott“ drin!

Fortlaufend beschäftigt
bist du mit Fortlaufen beschäftigt.

Spiele ich die beleidigte Leberwurst,
so kann ich anderen etwas aufs Brot schmieren!

Wenn der Mensch die Natur weiterhin so tyrannisiert,
wird diese zum ultimativen Rechtsmittel des Tyrannenmordes greifen.

Alles in Gottes Hand legen
bedeutet nicht, die eigenen Hände in die Taschen zu stecken.

Nur mit leeren Händen
kannst du aus dem Vollen schöpfen.

Der Pessimist hält Zuversicht
für eine optische Täuschung.

Dankbarkeit ist praktizierter Glaube.

Gott hat eine Schwäche
für unsere Schwächen.

Als ich meinen Glauben an den Menschen
verloren hatte,
blieb mir nur noch der Glaube an einen Gott,
der an den Menschen glaubt.

„Sind Sie etwa Christ?“ – „In der Tat!“

Inhalt

Einige der hier zusammengestellten Gedichte wurden bereits in Anthologien, Zeitschriften usw. veröffentlicht.

Andreas Knapp, geboren 1958, ist Priester und Poet. Er ist Mitglied der Ordensgemeinschaft der „Kleinen Brüder vom Evangelium" und lebt derzeit in Leipzig. Sein literarisches Schaffen wurde vielfach ausgezeichnet, u. a.: Herbert-Haag-Preis (2018); Goldmedaille des Independent Publisher Award (USA 2018); Silbermedaille des Benjamin Franklin Award (USA 2018); Dr. h. c. (Trier 2022); Literaturpreis der Künstlergilde Esslingen 2024 (2. Platz).

Der Umwelt zuliebe verzichten wir bei diesem Buch auf die Folienverpackung.

Bibliografische Information der Deutschen Nationalbibliothek

Die Deutsche Nationalbibliothek verzeichnet diese Publikation in der Deutschen Nationalbibliografie; detaillierte bibliografische Daten sind im Internet über http://dnb.d-nb.de abrufbar.

1. Auflage 2024

www.echter.de

Umschlag: wunderlichundweigand.de
Innengestaltung: Crossmediabureau, Gerolzhofen
Druck und Bindung: Friedrich Pustet, Regensburg

ISBN 978-3-429-06708-3

Von Andreas Knapp sind im Echter Verlag auch diese Gedichtbände erschienen:

Weiter als der Horizont
10. Auflage 2019
ISBN 978-3-429-02506-9

Brennender als Feuer
9. Auflage 2020
ISBN 978-3-429-02624-0

Tiefer als das Meer
6. Auflage 2018
ISBN 978-3-429-02772-8

Gedichte auf Leben und Tod
5. Auflage 2019
ISBN 978-3-429-03039-1

Höher als der Himmel
5. Auflage 2020
ISBN 978-3-429-03295-1

Heller als Licht
6. Auflage 2024
ISBN 978-3-429-03736-9

Ausblicke ins Unendliche
Naturgedichte
von Andreas Knapp,
mit Fotos von
Barbara Wolfers
ISBN 978-3-429-03571-6

Beim Anblick eines Grashalms
Naturgedichte
ISBN 978-3-429-04408-4

ganz knapp
4. Auflage 2024
ISBN 978-3-429-05477-9

Mit Pauke und Salböl
Gedichte zu Frauen
der Bibel
ISBN 978-3-429-05681-0

echter verlag
www.echter.de

Von Andreas Knapp sind im Echter Verlag ebenfalls erschienen:

Mit Engeln und Eseln
6. Auflage 2024
ISBN 978-3-429-03636-2
Hörbuch auf CD
ISBN 978-3-429-03738-3
Hörbuch – Download
ISBN 978-3-429-06205-7

Und er sucht Platz unter uns
von Trygve Skogrand
mit Texten von
Andreas Knapp
ISBN 978-3-429-03770-3

dass ein licht geboren werde
Tischkalender
ISBN 978-3-429-03858-8

Das Ende vom Ende
Geschichten gegen
den Tod
ISBN 978-3-429-03918-9

Vom Segen der Zerbrechlichkeit
Grundworte der
Eucharistie
6. Auflage 2024
ISBN 978-3-429-04451-0

Pace e bene!
Ein spiritueller Pilger-
begleiter für den
Franziskusweg
ISBN
978-3-429-05367-3
978-3-429-05036-8 (PDF)
978-3-429-06446-4 (ePub)

Noch knapper
99 Miniaturen über Gott
und die Welt
ISBN 978-3-429-05608-7